Mensagem do Pequeno Morto

FRANCISCO CÂNDIDO XAVIER

Mensagem do Pequeno Morto

Pelo Espírito
Neio Lúcio

Copyright © 1947 *by*
FEDERAÇÃO ESPÍRITA BRASILEIRA – FEB

10ª edição – Impressão pequenas tiragens – 8/2025

ISBN 978-85-7328-104-0

Todos os direitos reservados. Nenhuma parte desta publicação pode ser reproduzida, armazenada ou transmitida, total ou parcialmente, por quaisquer métodos ou processos, sem autorização do detentor do *copyright*.

FEDERAÇÃO ESPÍRITA BRASILEIRA – FEB
SGAN 603 – Conjunto F – Avenida L2 Norte
70830-106 – Brasília (DF) – Brasil
www.febeditora.com.br
editorial@febnet.org.br
+55 61 2101 6161

Pedidos de livros à FEB
Comercial
Tel.: (61) 2101 6161 – comercial@febnet.org.br

Adquirindo esta obra, você está colaborando com as ações de assistência e promoção social da FEB e com o Movimento Espírita na divulgação do Evangelho de Jesus à luz do Espiritismo.

Dados Internacionais de Catalogação na Publicação (CIP)
(Federação Espírita Brasileira – Biblioteca de Obras Raras)

L938m   Lúcio, Neio (Espírito)

           Mensagem do pequeno morto / pelo Espírito Neio Lúcio; [psicografado por] Francisco Cândido Xavier; [ilustrações: Jorge Ney]. – 10. ed. – Impressão pequenas tiragens – Brasília: FEB, 2025.

           96 p.; 23 cm

           ISBN 978-85-7328-104-0

           1. Espiritismo. 2. Obras psicografadas. I. Xavier, Francisco Cândido, 1910–2002. II. Federação Espírita Brasileira. III. Título.

                                                                     CDD 133.93
                                                                     CDU 133.7
                                                                     CDE 81.00.00

Sumário

Mensagem 7
Impressões do
último dia terrestre 9
Tia Eunice 13
O sono bom 17
A grande viagem 21
Despertando 25
Carinho e conforto 29
Familiares 33
O médico 37
A Vila 41
Notícias 45
Em Prece 49
O Parque 53
Companheiros 57
Ensinamentos 61
Trabalho 65
Organização 69
Consciência 73
Reparação 77
Prêmio 81
Conclusões 85

Mensagem

Carlos é um rapazinho de seus 14 anos, que a morte arrebatou muito cedo à esfera física.

Recentemente internado em nossos cursos de reajustamento psíquico e preparação espiritual, revelou, desde a primeira hora, notável aplicação ao estudo e ao esforço renovador.

Dentre as preocupações mais fortes que lhe caracterizam o espírito, destaca-se o propósito de algo enviar ao irmão de nome Dirceu, inesquecido e afetuoso companheiro do teto familiar. Para isso escreveu a mensagem que oferecemos ao jovem leitor, por meio da qual nosso dedicado amiguinho buscou descrever as paisagens e as emoções novas que experimentou logo após a morte do corpo físico.

É um trabalho simples, em que o coração juvenil fala mais alto que o raciocínio propriamente humano e que, por isso mesmo, não deveria circunscrever-se ao campo exclusivo do destinatário.

Por semelhante motivo, dedicamos estas páginas singelas aos nossos irmãos mais jovens. Que eles possam colher nesta mensagem carinhosa e fraterna os conhecimentos valiosos do presente, para as construções do futuro, são os nossos votos.

Neio Lúcio
Pedro Leopoldo, 27 de julho de 1946.

Impressões do último dia terrestre

Meu caro Dirceu:

Escrevo-lhe esta carta para dizer que não morri.

Jamais supus me fosse possível endereçar notícias a você, depois de afastar-me do corpo terrestre. Algumas vezes, vira o enterro de crianças e pessoas grandes, da janela grande de nosso quarto, quando observávamos, em silêncio, o carro triste, enfeitado de flores, conduzindo alguém que nunca voltava.

Recorda-se da morte de Osório, o nosso colega do

grupo escolar? Nunca me esqueci do quadro enternecedor. Dona Margarida, a mãezinha em lágrimas, conduziu-nos a vê-lo. Osório, brincalhão e bondoso, estava mudo e gelado. Parecia dormir, imóvel sob um montão de rosas e saudades.

Quando ouvi dizer que ele jamais voltaria, meu coração bateu forte e empalideci.

Nosso velho Tomás, o porteiro da escola que assistia à cena, percebeu o que se passava e afastou-me depressa.

Nesse dia, não comi e passei a noite assustado. Atormentei o papai com toda a espécie de perguntas sobre a morte e arrepiava-me todo, recebendo-lhe as respostas. Por fim, ele reconheceu a minha inquietação e aconselhou-me a evitar o assunto.

Muito tempo passou, mas a experiência ficou guardada no meu coração. Foi por isso, talvez, que fiquei, durante o período de minha enfermidade, impaciente e aflito.

E, para falar francamente a você, tive medo, muito medo, ao perceber que tudo ia acabar-se, pois sempre ouvira dizer que a morte do corpo é o fim de todas as coisas.

Agora, porém, posso afirmar que isso não é verdade.

Lembra-se do último dia que passei em casa?

Mamãe chorava tanto!...

Papai, muito sério, ia de um lado para outro, na sala contígua ao nosso quarto.

O Doutor Martinho, nosso bom amigo, segurava-me as mãos, e você, Dirceu, sentado na poltrona de vovó, olhava-me ansioso e entristecido.

Quis falar, mas não pude. Estava cansado sem saber o motivo. Faltava-me o ar, como se eu fosse um peixe fora d'água. Esforçava-me para dizer alguma coisa, pelo menos para tranquilizar a mamãe; entretanto, havia um peso enorme, oprimindo-me a garganta e a boca.

Foi então que parei meu olhar em seus olhos e chorei muito, com receio de ficar mudo e gelado como o Osório, e partir para nunca mais regressar.

Não consegui mover os lábios, mas, em pensamento, rezei as orações que mamãe me ensinara. Lembrei-me de Deus e esperei o sono com indizível angústia...

Queria dormir, dormir muito; no entanto, era tão grande o meu temor de dormir sem acordar que, se eu pudesse, teria gritado intensamente, com toda a força de meus pulmões, pedindo ao Doutor Martinho que não me deixasse morrer.

Tia Eunice

Em vão procurava no rosto de vocês uma expressão de tranquilidade e bom ânimo.

Daria tudo para que sorrissem, desfazendo-me o pavor. Entretanto, estavam todos consternados, chorosos...

Esperei que o Doutor Martinho me encorajasse, assegurando que tudo se resumia numa crise passageira, mas nosso bondoso médico examinava-me o pulso, sem disfarçar a tristeza que lhe dominava a alma.

Em razão disso, o medo de morrer cresceu muito mais fortemente em meu espírito.

Quando tudo me parecia irremediável, eis que alguma coisa sucedeu, chamando-me a atenção. Leve ruído despertara-me a curiosidade.

Desviei meu olhar para a porta de entrada e reparei que aí surgiam, de maneira inexplicável, delicados flocos de substância fosforescente.

Esses pontos de luz como que formavam fino manto de gaze tenuíssima, sob o qual tive a impressão de que alguém se movimentava...

Seguia a novidade, com enorme espanto, quando apareceu, rasgando a leve cortina, uma jovem de belo porte que não tive dificuldade em reconhecer.

Era a mesma do grande retrato que mamãe conserva em casa. Era a tia Eunice, a irmãzinha dela, que morreu quando nós dois éramos pequeninos.

Trajava um vestido cor verde-claro, enfeitado de rendas luminosas. Cercava-se, principalmente ao longo do tórax e da cabeça, de lindos clarões de luz azulada, como se trouxesse uma lâmpada oculta.

Seus olhos escuros irradiavam simpatia e bondade sem limites.

Tia Eunice entrou pelo quarto adentro, com grande surpresa para mim, abraçou mamãe, sem que mamãe a visse, e, depois, sentou-se ao meu lado, dizendo:

— Então, Carlinhos, você que é tão valente, está medroso agora?

Se fosse noutra ocasião, penso que não me comportaria bem, porque sempre ouvira dizer que os mortos são fantasmas e nossa tia já era morta. Achava-me, porém, tão aflito que experimentei grande consolação com as palavras encorajadoras que me dirigia. Necessitava de alguém que me reanimasse.

Reparava o nervosismo do papai, as lágrimas da mamãe, a tristeza e o abatimento do doutor Martinho, ao meu lado, e concluí que as boas disposições dela eram providenciais para mim.

Em verdade, nos bons tempos de saúde, ouvira estranhas histórias de "assombrações do outro mundo", que me deixavam impressionado, sem sono, mas tia Eunice não podia inspirar medo a ninguém. Estava linda e risonha, enchendo-me de confiança e otimismo.

 Senti-me, pois, reanimado, embora reconhecendo a desagradável rigidez de meu corpo, que eu não conseguia mover, nem de leve.

O sono bom

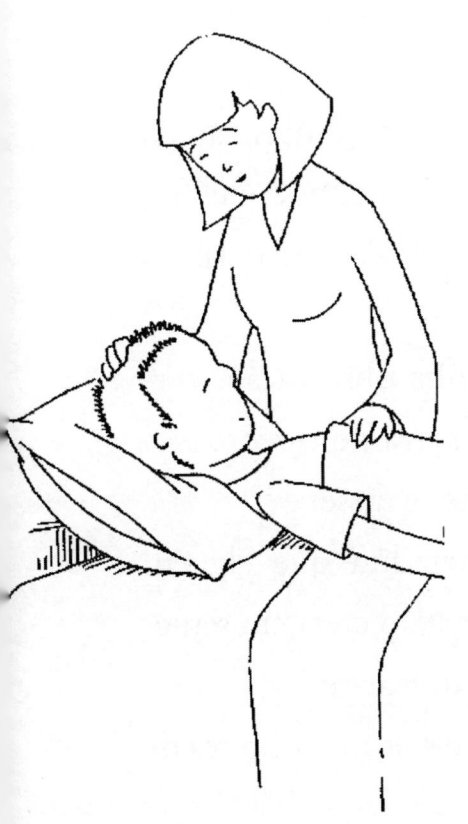

Surpreendido, notava que nenhum de vocês fazia caso da presença de tia Eunice, dando-me a impressão de que não na viam; e até o doutor Martinho, que lhe ficava defronte, mostrava absoluta indiferença.

Ela, contudo, não estava menos satisfeita por isso.

Após acomodar-se à cabeceira, nossa tia pousou a mão macia sobre a minha cabeça e grande alívio me banhou o coração.

Tive a ideia de que raios de sol me penetravam o corpo em desalento.

Não pude conversar como desejava, mas consegui pensar mais claramente. Desviei a atenção que concentrara na garganta dorida e raciocinei sem maior aflição.

Estaria menos mal? A morte permaneceria rondando-me o leito? Que aconteceria nos próximos minutos?

Quis endereçar algumas perguntas à tia Eunice, explicando-lhe, ao mesmo tempo, que sentia imenso receio de morrer; todavia, meus lábios estavam quase imóveis.

Ela, porém, segundo minha observação, percebeu, de pronto, o que me passava no cérebro.

Sorriu-me, bondosamente, e disse:

— Você, na verdade, acredita que alguém possa desaparecer para sempre? Não creia em semelhante ilusão... É preciso tranquilizar-se.

Afinal de contas, os dias de dor e as noites de insônia têm sido numerosos.

Sorriu, com ternura mais acentuada, inspirando-me profunda confiança, e tornou a dizer:

— É necessário que você durma sossegado, sem qualquer inquietação.

E como eu lhe ouvisse os conselhos, acrescentou:

— Descanse, Carlinhos! Ceda, sem temor, à influência do sono. Velarei por você...

Em seguida, passou a mão direita, de leve e repetidamente, sobre a minha garganta cheia de feridas. A transformação que experimentei foi completa. Acreditei que me estivesse aplicando deliciosa compressa de alívio. As dores que me atormentavam, havia tanto tempo, cederam, pouco a pouco.

Indizível tranquilidade dominou-me, por fim. Entreguei-me, confiante, aos carinhos de tia Eunice, como me abandonava, comumente, à ternura de mamãe.

Logo após, a mão dela, carinhosa e boa, afagou-me o rosto, banhado de suor, detendo-se docemente sobre minhas pálpebras...

Tentei, ainda, olhar para você; todavia, não pude.

A visitante inesperada cerrou-me os olhos, com brandura, e acentuou:

— Durma, Carlinhos! Você está cansado...

Nada respondi com a boca; entretanto, concordei mentalmente, agradecido e reconfortado.

Tia Eunice observou-me a silenciosa atitude de satisfação, porque, nesse instante, curvou-se e beijou-me.

Recordei-me, então, do beijo de mamãe, cada noite, e, em vista do alívio que eu sentia, entreguei-me finalmente ao sono bom.

A grande viagem

Ah! Dirceu, não poderia contar-lhe o que então se passou.

O sono sem sonhos durou apenas algumas poucas horas, porque estranho pesadelo passou a domina-me inteiramente. Parecia-me vaguear numa atmosfera obscura e indefinível.

Sentia que mamãe se debruçava sobre mim, pronunciando meu nome, angustiadamente.

Observava-lhe as mãos ansiosas, tateando-me o rosto e os cabelos. Ouvia-lhe os gritos de dor, mas debalde procurava acordar e tomar conta de mim próprio.

Sofri muito em semelhantes momentos de incerteza e aflição.

Valeu-me tia Eunice, que me amparava cuidadosamente.

Pouco a pouco, ao mesmo tempo que me sentia enlaçado nos chamamentos de mamãe, tive a ideia de que uma força superior me arrastava da cama, devagarinho.

Compreendi que me encontrava agarrado a substâncias pegajosas, como o passarinho preso ao visgo. Notei, todavia, que alguém me libertava, despojando-me de um fardo, como acontece ao desfazer-nos da roupa comum...

Desde então, apesar de prosseguir na mesma atmosfera de sonho, não mais senti as mãos de mamãe, mas somente as de tia Eunice, que me aconchegou ao coração.

— "Vamos, Carlinhos!" — ouvi-a, distintamente.

Retiramo-nos para a porta de saída. Nossa tia pareceu-me bastante interessada em afastar-se comigo, apressadamente.

Lá fora, o luar deslumbrava. Respirei o ar perfumado e fresco da noite, como quem recebia verdadeira bênção celestial.

Haviam decorrido tantos dias em que me esforçava sem melhoras!

Tia Eunice carregava-me nos braços, carinhosamente, como se eu fora pequenina criança. Contudo, embora não conseguisse coordenar meus pensamentos com exatidão, espantei-me ao reconhecer que nos afastávamos do solo.

Embalado pela carícia do vento brando, não sabia que mais admirar — se a melhora que sobreviera, de súbito, se a beleza da noite, embalsamada de aroma e maravilhosa de luz.

Meu contentamento não tinha limites. Estava fraco, vencido, incapaz de falar alguma coisa, mas sentia-me transportado da Terra para uma festa nas estrelas.

De quando em quando, tia Eunice pousava em mim os olhos doces e amigos e eu sorria em resposta, contente e agradecido pela bênção de respirar sem cansaço e sem dor.

Os caminhos aéreos, repletos de luar, surpreendiam-me os olhos espantados.

Então, as impressões de sonho foram mais nítidas em mim.

Estava certo de que tudo não passava de fantasia e de que tornaria a casa, despertando, novamente, no leito habitual.

Despertando

Cansado, porém, de interrogações interiores a se repetirem sem resposta, rendi-me aos carinhos de nossa tia e passei à inconsciência completa.

Quanto tempo gastei, nesse sono pesado, sem lembranças?

Não conseguiria responder.

Sei somente que despertei, assustado, sem atinar com a situação.

Encontrava-me sozinho, encerrado numa câmara muito limpa e inundada de luz. A solidão infundia-me repentina tristeza; entretanto, semelhante impressão era atenuada pela janela aberta, dando passagem a jorros de intensa luz.

As paredes mostravam pinturas alegres; eu, porém, perguntava a mim mesmo se não fora transportado para algum hospital.

Ao longe, por meio da janela de vastas proporções, via a paisagem desdobrar-se...

O céu azul-radioso parecia mandar-me brisa suave e refrigerante.

Examinei, atenciosamente, em torno. O mobiliário era muito diverso.

Pelas poltronas acolhedoras e divãs convidativos, concluí que a sala era exclusivamente consagrada ao repouso.

Reparei em mim próprio, surpreendido. Teria passado a difteria? O Doutor Martinho conseguira finalmente curar-me? Minha garganta não doía mais. Não fosse a fraqueza em que me achava, quase poderia levantar-me e ensaiar alguns passos. Toquei meus cabelos e meus pés.

Que ocorrência me levara a semelhante modificação? Estaria, porventura, em casa? Aquele compartimento, porém, era-me totalmente desconhecido.

Recordava os últimos quadros que haviam precedido meu grande sono. Fortemente admirado, recordava-me de suas mínimas particularidades.

E mamãe? Por que não aparecia? Onde estava, sem trazer-me o abraço carinhoso de felicitações pela convalescença? Relembrando-lhe a ternura das últimas horas de meu corpo terrestre, experimentei funda saudade, com infinito desejo de chorar. Somente então observei que passara longas horas sem dizer coisa alguma.

Minha garganta estaria em condições de auxiliar-me?

Tentei a prova e gritei:

— Mamãe! Mamãe!

Logo após uma voz lamentosa ressoou dentro de mim. Bem notei que não a registrava com os ouvidos. Parecia nascer de meu próprio coração, dilacerando-o. Era bem a voz de nossa mãezinha, exclamando com acento angustioso:

— Carlos! Carlos!... Meu filho, volta, volta!... Não me abandones! Não me abandones!...

Antes que eu pudesse refletir sobre a nova situação, abriu-se uma porta próxima, dando passagem à tia Eunice, que se aproximou de mim, sorridente, e, sentando-se ao meu lado, disse-me, na perfeita compreensão do que me ocorria:

— Não se assuste, Carlinhos! Você está presentemente entre nós.

Carinho e conforto

Que significava aquela afirmação?

Rente a mim, conservava-se tia Eunice, viva e bem-disposta.

Não conseguiria manter qualquer dúvida. Não me encontrava mais envolvido na alucinação ou no sonho.

Minha consciência estava lúcida.

Intrigava-me, contudo, variadas questões, atormentando-me o raciocínio. Sabia que tia Eunice já havia morrido desde muito. E eu? Não me encontrava ali, num quadro natural? Tocava meu próprio corpo, observava paredes e móveis. "Aquilo" seria morrer?

Bastou que eu formulasse tais pensamentos para que ela me sorrisse, bondosa, acrescentando:

— Sim, Carlinhos, você permanece agora entre nós, os que já passamos pela sombra do túmulo.

Francamente, senti arrepios de medo, mas tia Eunice, longe de magoar-se, observou:

— Tolinho! Por que se acovardar? Não tema.

Tanta serenidade infundiu-me confiança. Contudo, os gritos que eu ouvia perturbavam-me o equilíbrio. Por que motivo escutava semelhantes vozes da mamãe, ali, onde não tinham razão de ser? Imenso mal-estar apoderou-se de mim. Todas as dores, que eu sentia anteriormente, regressaram ao meu corpo.

Comecei a chorar, convulsivamente.

Tia Eunice, todavia, compreendeu tudo e, dando mostras de saber o que se passava em meu íntimo, acariciou-me, dizendo:

— Não se assuste, meu filhinho. As vozes que ouve são realmente da mamãe, que ainda não pôde compreender a vida. Você ainda se encontra ligado a ela por vigorosos laços de amor, cheio de apego desvairado e violento. Tenha calma e procure distrair-se.

Quis obedecer à ordem afetuosa, mas não pude. Aqueles apelos que me pareciam chegar de muito longe e minhas ânsias de rever a mamãe querida eram demasiado fortes para que me sentisse libertado num minuto. Oh! mas era horrível! Os gritos maternos faziam-se mais altos e mais fortes, dentro de mim, à medida que eu cedia ao desejo de tudo recordar.

E, com isso, voltaram-me todos os sofrimentos, um a um: a dor na garganta, a opressão no peito, a falta de ar.

Tive a ideia de que recomeçava também minha longa e dolorosa agonia.

Tia Eunice exortou-me a ser forte e a pensar na Bondade divina, de modo a vencer as pesadas impressões do momento, mas debalde.

Após banhar-me a fronte em água fresca, apanhada em vaso próximo, acentuou, carinhosamente:

— Não tenha receio. Temos igualmente devotados médicos por aqui e já mandamos buscar um facultativo[1] para atender-nos.

Aflito e desalentado, comecei a esperar.

---

1 N.E.: Médico.

Familiares

Enquanto aguardava o médico, tia Eunice, em determinado instante, avisou-me de que iria ao interior buscar os familiares, e saiu, deixando-me entregue aos pensamentos novos que me invadiam a cabeça.

Decorridos alguns minutos, abriu-se a porta e nossa tia chegou acompanhada por outras pessoas.

A princípio, julguei que fossem muitas, mas eram duas apenas — vovó Adélia e primo Antoninho.

Vovó prendeu-me a atenção mais fortemente. Não estava trêmula, nem curvada. Pareceu-me muito mais moça, alegre e forte. Seus olhos, serenos e lúcidos, irradiavam aquela mesma bondade de outros tempos.

A surpresa de vê-la, junto de mim, enchia-me de encantamento e satisfação.

Que alívio!

Lembra-se de quando vovó se retirou da residência, muito mal, para a casa de saúde?

Desde então, jamais a vimos.

Mamãe anunciou-nos então a morte da santa velhinha, sem permitir que a seguíssemos, na grande viagem que levou a efeito para a derradeira visita.

Frequentemente, ambos comentávamos as grandes saudades que nos deixara vovó. Ela sempre nos assistira com excessiva ternura. Dominava-nos com amor e bondade. Perdoava-nos todas as faltas. Poderá você avaliar a alegria que senti, vendo-a aproximar-se?

Ao lado dela, estava Antoninho, que reconheci, de pronto. Nosso primo havia igualmente "morrido", em hospital distante de nós. Pousou os olhos afetuosos e doces em mim, tranquilizando-me o coração...

Verdadeira torrente de perguntas atravessou-me o cérebro naqueles momentos rápidos.

Muitas vezes ouvira dizer, aí na Terra, que após a morte do corpo seríamos conduzidos ao Céu ou ao Inferno. O que eu via, porém, era a continuação da paisagem familiar, querida e confortadora. Vovó, tia Eunice e Antoninho estavam ali, mais vivos que nunca, diante de mim, desfazendo nosso velho engano de que houvessem desaparecido para sempre na morte. Nossa carinhosa velhinha e o primo abraçaram-me, sorridentes.

Vovó chorou de alegria ao beijar-me, aconchegando-me ao colo, como antigamente.

Perguntou-me por todos. Lamentou não ter podido acompanhar minha vinda, no que foi substituída por tia Eunice, e declarou que visitaria mamãe na primeira oportunidade.

Indagou, bondosa, se você e eu ainda éramos aqueles mesmos pequenos endiabrados que lhe escondiam os óculos para ganhar brinquedos e merendas.

Amparando-me nos braços de vovó, tão carinhosa e tão boa, senti muitas saudades de mamãe e chorei bastante.

Nossa querida velhinha, porém, consolou-me, explicando que, um dia, mamãe e vocês virão também para o nosso novo lar.

O médico

Ainda não havíamos terminado as expansões de carinho e alegria, no reencontro, quando o médico esperado chegou.

Tia Eunice foi recebê-lo e trouxe-o à câmara.

Bem-humorado e bem-disposto, ele distribuiu saudações cordiais com muita alegria.

Examinou-me atenciosamente, aplicou-me raios de luz, acionando pequenino aparelho que não sei descrever, e, em seguida, passou-me a mão direita, em silêncio, muitas vezes, sobre o peito e a cabeça, observando eu que de seus dedos se desprendiam faíscas de luz azulada e brilhante.

Terminadas essas operações, levadas a efeito diante de todos os nossos, entrou a conversar, satisfeito e otimista, dando-me a impressão de que se achava muito mais preocupado em dar-me ideias novas que remédios.

Não me perguntou pelo clínico que me tratara em casa, não se interessou visivelmente por minha garganta dolorida, nem fez qualquer indagação que me pudesse transportar o pensamento para a situação passada.

Com habilidade, compeliu-me a esquecer a dor e a aflição, distraindo-me com assuntos muito interessantes.

Perguntou-me que profissão teria eu escolhido na Terra, se continuasse entre os Espíritos encarnados, e, quando lhe disse algo do meu pendor para a aviação, começou a discorrer de modo tão fascinante sobre o progresso da ciência de voar, que me senti francamente outro, despreocupado das ideias de moléstia e apego inferior ao corpo físico que abandonara.

Falava ele como experimentado professor de navegação aérea.

Ouvia-o, por isso mesmo, com crescente assombro.

Depois de inteligente exposição sobre o tema que tanto me interessava, assegurou-me de que conhece o nosso Santos Dumont, prometendo-me outras palestras sobre a aviação, na primeira oportunidade.

Percebendo que o bondoso médico ia colocar ponto final à conversação, arrisquei-me a perguntar, absolutamente esquecido de minha enfermidade:

— Doutor, o senhor acredita que poderei continuar estudando aqui?

— Como não? — respondeu, contente — ninguém precisa interromper o serviço de educação própria, por se haver privado do corpo de carne terrestre. Espero vê-lo animado e fortalecido, em breve tempo, para estudar e adquirir conhecimentos novos.

Essas palavras enchiam-me de estímulo e satisfação.

Ao despedir-se, recomendou que eu fosse matriculado no Parque dos Meninos, onde teria os benefícios que me eram indispensáveis, no que vovó Adélia e tia Eunice aquiesceram, agradecidas.

Quando o médico se foi, notei que deixara de escutar os gritos de mamãe e que as dores haviam desaparecido inexplicavelmente.

A Vila

Durante alguns dias permaneci no leito de convalescente, combatendo, sob o carinho dos familiares, as impressões nocivas que me dominavam o pensamento.

Antoninho, nosso primo, não se demorou mais que um dia ao meu lado.

Estava em regime de internato, no Parque dos Meninos, e não devia adiar o regresso aos estudos. O médico, porém, visitou-me todos os dias, no espaço de duas semanas, até que me retirei do quarto, melhorado e bem-disposto, apesar de enfraquecido.

Vovó Adélia e tia Eunice, visivelmente satisfeitas, acompanharam-me ao exterior, amparando-me nos primeiros passos.

Oh! que alegria!...

Só então percebi que ambas residem numa casa deliciosa e confortável.

Após atravessar pequeno corredor, cheguei a espaçosa sala, bem mobilada, parando, admirado, na porta cheia de luz, que comunicava com o exterior.

Novo mundo descortinava-se à minha vista.

A paisagem ambiente era bela e prodigiosa.

Bonitas casas, semelhantes de algum modo às nossas, apesar de serem muito mais lindas, alinhavam-se, de espaço a espaço, com graça e encanto. Todas elas cercavam-se de pequenos ou grandes jardins, ligados ao fundo por arvoredo agradável aos olhos.

Concluí que os vegetais frutíferos mereciam, em toda a parte, o mesmo carinho dispensado às flores.

Bandos de aves, de penugem brilhante, vagueavam alegremente nos ares.

Na atmosfera pairava uma tranquilidade que não tive ensejo de conhecer na Terra. Respirei, a longos sorvos, o ar puro e leve.

A residência de vovó Adélia está rodeada de flores diversas, predominando as de cor avermelhada, o que empresta ao jardim um aspecto de permanente alegria. Disse vovó que tia Eunice foi a organizadora da plantação, fazendo a escolha das flores cultivadas.

Você, naturalmente, desejaria saber se são iguais às que possuímos na Terra. Sim. Muitas se parecem com as rosas, cravos e miosótis que aí deixei, mas grande parte mostra diferenças, que não me será possível descrever. Entre o jardim e o pomar da casa de vovó, por exemplo, há dois caramanchões, cobertos com uma trepadeira cujas sementes eu gostaria de enviar a mamãe. Essa planta delicada projeta caprichosos e compridos fios, cobertos de folhas verde-escuro, entre as quais desabrocham pequeninas e abundantes coroas de pétalas brancas, pintalgadas de rubro, as quais exalam delicioso aroma. Aliás, os fios de folhas e as flores são tão perfumados e belos que não encontro recursos para a comparação.

Para ser franco a você, nunca supus houvesse lugar de tamanha beleza, depois da morte. Ante as minhas demonstrações de assombro, esclareceu-me vovó que outras regiões existem, muito mais lindas, onde apenas podem penetrar as almas santificadas que utilizaram todo o tempo da existência terrestre na prática do bem.

Notícias

Passando ao compartimento próximo, uma bonita sala de estar, reparei, surpreendido, num retrato de mamãe, de grandes proporções, que, a notar pelas aparências, era guardado ali com imenso carinho.

Comoveu-me muitíssimo aquela valiosa lembrança, colocada num dos ângulos da sala.

Que saudades enormes transbordaram de meu coração!...

Abracei-me ao retrato, ansiosamente.

Vovó Adélia, contudo, embora tivesse os olhos rasos d'água, dirigiu-me a palavra, com energia adoçada de ternura:

— Carlos, não se emocione! Recorde sua necessidade de equilíbrio sentimental. Precisamos colaborar com o médico e, para isso, lembremo-nos de sua mãe com alegria!

Reprimi a inquietação que parecia invadir-me novamente, tranquilizei a mim mesmo, recompus a fisionomia e procurei sorrir, satisfeito. Vovó e tia Eunice sorriram também, apreciando-me a boa vontade em obedecer-lhes às recomendações.

Apesar de minha inexperiência, ensaiei a modificação do quadro emotivo, perguntando:

— Vovó, a senhora tem visitado mamãe?

— Sim, sempre que posso — esclareceu ela, sorridente, por observar-me o propósito de renovação, e acrescentou —, lamento apenas que Arlinda não possa compreender, por enquanto, as verdades espirituais. Tem, por isso, perdido muito tempo, dando-se a muitas atividades inúteis.

Sim, vovó falava com indiscutível acerto.

Ah! se todos soubéssemos, aí na Terra, como é grande e formosa a vida!

Esse pensamento encheu-me de esperança nova. Meus sentimentos ergueram-se mais alto e, abraçando nossa querida avozinha, indaguei:

— A senhora acredita, vovó, que eu ainda possa ser útil à mamãe?

Os olhos de nossa admirável velhinha encheram-se de alegria. Abraçou-me, por sua vez, e exclamou:

— Como não, meu filho? Depende de sua boa vontade, de seu esforço nos serviços de preparação.

Quando chegar ao Parque dos Meninos, não procure o descanso antes do trabalho e receberá, muito breve, o júbilo de auxiliar, não apenas a mamãe, mas a muita gente.

Enlevado com a resposta e interessado em saber mais de meu novo ambiente, fiz interrogações quanto ao paradeiro de vovô Antônio e de tio Álvaro, sobre os quais sempre se referia mamãe com grande estima. Faltava a presença deles naquela casinha cheia de amor.

Vovó Adélia, porém, escutou-me e ficou muito triste. Seus olhos estavam cheios de lágrimas que não chegavam a cair.

Esperava-lhe os informes, quando tia Eunice se adiantou e disse:

— Carlinhos, por enquanto você não pode receber os esclarecimentos que deseja. Seu vovô e seu tio ainda não puderam chegar até aqui. Mais tarde, saberá tudo.

Ambas, todavia, mostraram-se tão acabrunhadas que procurei mudar de assunto, recordando o ensino de mamãe de que nunca devemos prosseguir em conversações que sejam desagradáveis a outras pessoas. Creio, porém, que vovô Antônio e tio Álvaro não vão bem, onde se encontram.

Na primeira noite que se seguiu às minhas melhoras, permaneci em companhia de vovó e tia Eunice, no salão maior da residência.

Em prece

Lindo luar banhava o jardim, lá fora, e a lâmpada de claridade branda, no interior, semelhava-se a enorme pérola em forma de coração.

Vovó, que olhava o relógio com atenção, convidou-nos à prece, explicando haver chegado o momento justo.

Reunimo-nos em torno de grande mesa, em cujo centro repousava gracioso jarrão com flores vermelhas, quase iguais aos cravos que conhecemos aí.

Findos alguns minutos de silêncio, para os quais vovó Adélia me pediu os melhores pensamentos, tia Eunice fez linda oração, em voz alta, rogando a Jesus nos amparasse e esclarecesse como sempre, ajudando-nos a ser dignos da bênção do eterno Pai.

Terminada a rogativa, vasto espelho próximo começou, com grande assombro para mim, a iluminar-se de maneira maravilhosa, como se recebesse de zona desconhecida vigorosa projeção de luz dourada. Em breves momentos, surgia ali a imagem de uma senhora cativante, falando conosco.

Vovó e titia passaram a ouvi-la, atentas, enquanto não cabia em mim mesmo de admiração.

Vencida a surpresa do primeiro minuto, passei a escutá-la, fascinado pela beleza das lições e dos comentários, cheios de sabedoria, embora não conseguisse penetrar na intimidade de todos os assuntos expostos.

Suas disposições de otimismo eram, porém, admiráveis e contagiosas. Falava-nos, por meio de um aparelho de televisão, como se estivesse em pessoa, a três passos de nós, com notável serenidade e excelente expressão de bom ânimo.

Além das elucidações valiosas que nos trazia, comentou, com mais calor, a nossa necessidade de entendimento ante os desígnios superiores, com a firme decisão de nos afeiçoarmos a eles, dentro do espírito de serviço. Esclareceu sensatamente que tudo nos ocorre para o bem, desde que não estejamos na posição lamentável das criaturas rebeldes e caprichosas.

Francamente, ouvindo-a, senti-me encorajado, bem-disposto. Tive a ideia de que a "visitadora distante" irradiava eflúvios de paz que me reconfortavam profundamente o coração, multiplicando-me as esperanças no futuro sublime.

Naqueles reduzidos minutos, senti que a minha fé cresceu muito, intensificando, dentro de mim mesmo, o otimismo e a confiança.

Quando se apagou a luz dourada no espelho cristalino, tia Eunice informou-me de que, duas vezes por semana, os lares da vila entravam em contato com elevados instrutores e governantes do nosso novo plano de trabalho, por intermédio dos aparelhos de televisão e radiofonia.

Não cabia em mim de alegria confiante.

Voltando ao repouso, vovó Adélia notificou-me de que, no dia imediato, seria eu recolhido ao Parque dos Meninos, de onde escrevo esta carta para você.

O Parque

No dia seguinte, muito cedo, tia Eunice conduziu-me à grande instituição.

O caminho oferecia suave encanto aos olhos e indizível contentamento à imaginação.

Árvores floridas enchiam a atmosfera de delicioso perfume. Observei que havia atividade em torno de todas as residências por onde passávamos, mas raramente enxergava uma ou outra criança.

Comentando a minha estranheza, respondeu tia

Eunice que a vila se dedicava quase que exclusivamente aos trabalhos de reeducação de meninos e meninas, procedentes da Terra, mas que esses jovens, na maior parte, permaneciam internados no Parque, solucionando os problemas que lhes são próprios. Informou-me, ainda, de que somente depois do indispensável aproveitamento espiritual podem as crianças voltar à Terra ou buscar as esferas superiores.

Esclareceu que nem todos os pequenos que "morrem" no mundo são obrigados a transitar por aqui, em vista de existirem meninos de grandes virtudes, os quais dispensam qualquer atividade de retificação. Contudo, a maioria das crianças que chegam da Terra são portadoras de pequenos vícios, reclamando cuidado e ensinamento.

Enquanto titia falava, corei de vergonha, recordando a preguiça e a vadiagem de que eu gostava tanto.

Após agradabilíssima caminhada, chegamos afinal.

O Parque é lindo.

Fui confiado à assistência de um santo velhinho, que se incumbe das crianças recém-chegadas aqui. Como não me encontrava, ainda, suficientemente seguro de mim mesmo, descansei vários dias, à distância do esforço mais ativo.

Dispus, assim, de mais tempo para examinar o vasto instituto.

Há muitas edificações, situadas entre copadas árvores. Verifiquei grande profusão de flores.

Muitas são diferentes das que conhecemos em jardins terrestres e algumas delas têm a propriedade de reter a luz do dia, semelhando-se, de noite, a pequenas estrelas radiantes, caídas do céu. O vento, muito manso, está sempre impregnado de aromas. E não existe um só edifício sem flores em derredor.

Há estudo e trabalho intensos.

O Parque é subdividido em diversas escolas.

Colaboram aqui muitos professores e professoras; e tantos meninos aqui se encontram localizados, que ainda não pude calcular o número exato de todos eles.

Vejo-os de várias idades e tamanhos, com exceção das crianças que vieram do plano físico com menos de 7 anos, para as quais, segundo me disse um novo amiguinho, há lugares e cursos especiais.

Companheiros

Depois de julgado apto para a nova tarefa, passei a figurar numa turma de vinte e oito alunos, todos recém-chegados da Terra.

Iniciando-me nas lições, tive oportunidade de conhecer vários desses colegas. A maioria permanece na mesma posição de luta mental em que me encontro.

As saudades do lar distante absorvem-nos a quase todos.

Recordando os ensinamentos de equilíbrio que recebi de vovó Adélia e tia

Eunice, compreendi logo que não deveria chorar, mas nem todos os companheiros procedem assim.

No dia imediato à nossa primeira aula, quando o professor determinou descansássemos ao recreio, o Abelardo, aluno mais novo de nossa classe, longe de aceitar-nos o convite para um passeio, postou-se, na porta de saída, a chorar copiosamente.

Miguelino, o mais experiente de nós, aproximou-se dele e perguntou:

— Então, Abelardo, que é isso?

O interpelado não respondeu, continuando a chorar, angustiadamente.

— Já sei — tornou Miguelino, de bom humor —, é saudade de casa, anseio de retornar, não é mesmo?

Sentindo-se compreendido, o companheirinho voltou-se e desabafou:

— Sim, estou com saudades de mamãe, muitas saudades de mamãe!...

Aquelas palavras, pronunciadas com tanta mágoa, cortaram-me o coração. Eu estava sofrendo a mesma dor e, lembrando-me de casa, custei a dominar as lágrimas que tentavam cair.

Miguelino percebeu que todos nós assistíamos à cena, aflitos e saudosos, por nossa vez. Por isso mesmo, dando a entender que se dirigia a todos nós, que nos emocionávamos tanto, explicou, paciente:

— Todos sentimos a falta dos entes queridos que permanecem no mundo. A dor da distância nos atinge em comum. Entretanto, como poderíamos auxiliar os que ficaram, permanecendo inconformados? Resolveríamos tão importante problema, chorando sem consolo?

Afinal de contas, não somos os únicos em semelhante prova. Existem aqui alguns milhares de jovens nas mesmas condições. Sofreram, como eu, a separação de criaturas que lhes eram profundamente amadas. Experimentaram a saudade, a aflição de voltar. Mas compreenderam, enfim, que nenhuma batalha pode ser ganha sem bastante valor moral, e lutaram consigo mesmos pela posse de mais valiosa compreensão. Além disso, não devemos esquecer que os nossos também virão. Precisamos preparar-nos convenientemente, desenvolvendo a nossa capacidade de auxílio, para sermos úteis a eles, no momento oportuno. Peçamos, pois, ao supremo Pai coragem e forças.

Aquela exortação amiga penetrou-nos fortemente o espírito.

Abelardo enxugou os olhos, sorriu com esforço e, em breves instantes, nos reuníamos sob a copa de grandes árvores, consolados e entregues a interessantes e úteis conversas.

Ensinamentos

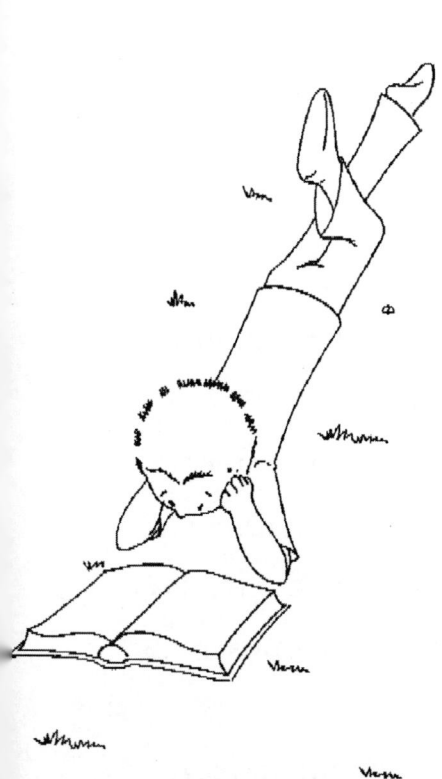

Naturalmente, você perguntará como se desenvolvem nossos trabalhos escolares e, de antemão, posso responder-lhe que os serviços dessa natureza, em nossa vila espiritual, são quase idênticos aos de um estabelecimento de ensino na Terra.

Temos material didático, em quantidade variada e enorme, inclusive livros e cadernos de exercícios.

O sistema de ação dos professores, porém, é bastante diverso.

Não somente ensinam: guardam, confortam, orientam.

Acho-me, por exemplo, num curso de bom comportamento e retificação sentimental.

Noto que os instrutores não se descuidam da parte intelectual propriamente dita, preparando-nos o conhecimento das condições alusivas à vida nova em que nos encontramos.

Para isso, valem-se das realizações que já edificamos na Terra. Não nos perturbam com revelações prematuras, nem com demonstrações suscetíveis de alterar o equilíbrio de nossas emoções. Tomam, como ponto de partida, as experiências que já adquirimos e ajudam-nos a desenvolvê-las, gradualmente, sem ferir-nos os raciocínios mais agradáveis.

Tenho a impressão de que os orientadores daqui nos recebem os conhecimentos terrestres como sementes dos conhecimentos celestiais.

Em razão disso, não nos esmagam com a exposição maciça da sabedoria de que são portadores.

Cercam-nos de cuidados e carinhos especiais, para que as nossas faculdades superiores germinem e cresçam.

O que assombra, porém, é a vigilância paternal que os abnegados orientadores desenvolvem junto de nós, no sentido de despertarem nossas ideias mais elevadas.

Nesse propósito, o curso de introdução às aulas superiores está cheio de temas relativos à melhoria espiritual que nos compete atingir.

Longas horas são aproveitadas no exame atencioso de interrogações como estas:

- Que pensamos acerca do Cristo?
- Como recebemos os favores da natureza?
- Que fazemos da vida?
- Quais os objetivos de nosso esforço pessoal?
- Que concepção alimentamos, relativamente ao tempo e à oportunidade?
- Quais são as diretrizes dos nossos pensamentos?

- Estaremos utilizando para o bem os instrumentos e as possibilidades que o Senhor da Vida nos confiou?

Semelhantes temas, examinados inicialmente por nossos professores, em proveitosas aulas de renovação espiritual, dentro das quais nos confessamos uns aos outros por meio de comentários serenos e francos, fazem luz sobre nós mesmos, revelando-nos aos olhos a extensão de nossas necessidades, pelo egoísmo, pela indiferença e ociosidade em que temos vivido desde muito nos círculos terrestres.

Trabalho

Depois das lições, que são sempre agradáveis e edificantes, somos conduzidos a uma oficina de grandes proporções, onde trabalhamos na composição de material de ensino para os jovens de cursos superiores, serviço esse que é sempre orientado por sábios instrutores de nossa nova esfera de ação.

Atendemos, por essa forma, às obrigações com imenso proveito, porque cumprimos o dever que nos cabe, preparando-nos, ao mesmo tempo, para tarefas maiores.

Tanta atenção e cuidado deveremos, porém, dispensar ao serviço, que Zacarias, um de nossos colegas mais resolutos, resolveu interpelar, respeitosamente, um dos orientadores, indagando:

— Todos trabalham, como nós, depois da morte do corpo?

— Como não? — respondeu ele, sorridente.

— É que — tornou o companheiro, acanhado — nos ensinaram na Terra que, depois da morte, somente encontraríamos o repouso eterno quando bons, e a eterna punição quando maus.

— É uma ilusão dos homens — esclareceu generosamente o instrutor —, quase sempre interessados em criar artifícios para o engano de si mesmos. A maioria das criaturas encarnadas, nos círculos terrenos, não escondem o desejo vicioso de gozar sem esforço, receber benefícios sem proporcioná-los a outrem e repousar sem servir.

Nesse ponto dos esclarecimentos, sorriu bem-humorado e continuou:

— A propósito de semelhante verdade, a maior parte dos meninos que chegam, até aqui, são sempre portadores de enraizados defeitos.

Foram muitíssimo mal-habituados em casa.

Escravizaram-se ao carinho excessivo, ausentaram-se das pequenas responsabilidades e deveres que lhes competiam na organização familiar e, ao serem surpreendidos pela morte, sofrem angustiosamente com a readaptação, porque a vida continua, pura e simples, exigindo serviço, esforço e boa vontade de cada um de nós.

Aquelas palavras queimavam-me a consciência. Recordei minha situação antiga. Vi-me, de novo, em casa, reclamando a atenção de todos, sem qualquer resolução de ser útil aos outros. Não sei se acontecia o mesmo a outros companheiros de turma, que, atentos, mas desapontados, escutavam as explicações. Sei apenas que experimentei íntima sensação de vergonha.

Em seguida ao intervalo havido nas observações, o orientador continuou esclarecendo-nos que só os maus e os indiferentes buscam meios de fugir ao trabalho, que o serviço nos é concedido como verdadeira bênção de luz e paz. Por fim, exortou-nos a recordar que Jesus, em criança, trabalhava na carpintaria, preparando peças de madeira, dando-nos o exemplo de correto aproveitamento do tempo infantil, acrescentando ainda que, se houvéssemos sido educados, quando nos lares terrestres, no espírito de serviço, não teríamos tanta dificuldade de readaptação à vida espiritual.

Confesso que estou plenamente de acordo com semelhante ponto de vista. Achando-se o nosso primo Antoninho no mesmo Parque onde me encontro, naturalmente você gostará de ter notícias dele, supondo-o talvez junto de mim.

É verdade que respiramos o ambiente da mesma instituição; no entanto, o grande colégio está dividido em seções muito diversas entre si.

Organização

Segundo expliquei, faço parte de pequena turma de crianças recém-chegadas daí da Terra e Antoninho já veio há mais tempo. Além disso, nosso primo foi um modelo de bondade e obediência. Era bom. Dava prazer aos pais. Auxiliava os companheiros com alegria.

Nunca prendeu os animais e nunca os feriu por maldade. Não perdia tempo com brincadeiras de mau gosto. Dedicava-se à leitura instrutiva e ao trabalho com a devoção sincera do menino correto e estudioso. De tudo isso fui devidamente informado por um dos professores que nos visitam a classe, ao qual inquiri sobre a diferença entre a minha situação e a de nosso querido amigo.

Em vista de minha condição inferior, não posso ir vê-lo; mas Antoninho já conquistou regalias que eu ainda não possuo, e, de vez em quando, vem bondosamente animar-me e consolar-me.

Em outras ocasiões, abraçamo-nos na reunião geral do Parque, quando todos os meninos e meninas dos cursos superiores e inferiores se encontram, uma vez por semana, no dia consagrado à prece e à fraternidade.

Talvez cause surpresa a você o que estou contando, mas nem todas as crianças trabalham e estudam juntas.

Temos no enorme Parque muitas divisões para meninos e meninas, em separado, excetuando-se certa região, a mais elevada de todas, em que uns e outros se localizam em comum, tais os sentimentos sublimes de que são portadores.

Quanto à grande maioria de jovens internados no instituto, eles se congregam em agrupamentos maiores ou menores, de acordo com as tendências que os caracterizam.

Há meninas e meninos fracos, doentes, ignorantes e instruídos, revelando atraso, inércia ou adiantamento nas expressões evolutivas, havendo, para cada categoria, seção especializada.

Minha turma constitui-se de crianças recém-vindas, sem qualquer preparo espiritual e com sérios defeitos para corrigir.

Nesse particular, não preciso recordar a você que nunca fui inclinado à disciplina e ao trabalho.

Fazia questão de cultivar a preguiça. Gostava dos bolos, do café com leite, das refeições, da bicicleta, de minhas bolas de gude, mas nunca soube o preço, nem o esforço que tudo isso custava à mamãe e ao papai.

Hoje, porém, invejo os meninos obedientes e bons, observando-lhes a felicidade quando deles me aproximo nas horas de repouso e oração. Vejo-os sorridentes e venturosos, quando passam junto de mim, sem vaidade ou afetação, e peço a Jesus, com firmeza, que me anime a ser trabalhador e perseverante no bem, a fim de que, um dia, possa unir-me a eles, nos grandes e abençoados serviços de elevação espiritual.

Consciência

Tenho aprendido aqui muitas lições inesperadas.

Jamais pensei que uma criança preguiçosa pudesse fazer tanto mal.

Desde que reconheci isso, meu irmão, tenho chorado muito. Lembra-se de Bichaninho, o gato de dona Susana, que eu matei a pedradas?

Oh!... como me custa contar tudo a você!...

Aqui, nas aulas do Parque, à medida que fui recebendo os ensinos do nosso professor de obrigações humanas, fui recordando minha falta mais nitidamente. O conhecimento de nós mesmos diante do universo e da vida, ao que me parece, acende uma luz muito forte nas zonas mais íntimas de nosso ser. Com essa claridade misteriosa, minhas recordações dos dias que se foram surgem completas e movimentadas em minha imaginação. É assim que, penetrando o fundo de mim mesmo, revi minha vítima, ouvindo-lhe, de novo, os gemidos angustiosos. Inundada pela luz da verdadeira compreensão, minha visão interior permanecia como que alterada. Comecei a ver Bichaninho, em toda parte. Trazia-o comigo no estudo e no recreio, no serviço e no descanso.

Chegou um momento em que não pude mais. Gritei com toda a força. Pedi socorro ao professor e aos colegas. Nosso instrutor falava, justamente nesse instante, sobre o amor e a gratidão que devemos aos animais e, dentro de minha consciência, nesse minuto inesquecível, os olhos aflitos do gatinho pareciam procurar os meus, suplicando piedade.

Vencido, ajoelhei-me em pranto, confessei minha falta grave em alta voz e supliquei ao orientador das lições me afastasse daquele quadro terrível.

Voltaram-se para mim os companheiros, assustados, quando caí, gritando.

O instrutor, todavia, sorriu, benévolo como sempre, aproximou-se, abraçando-me paternalmente, e disse:

— Já sei o que lhe ocorre, meu filho! Tenha calma e paciência. Você está melhorando, porque já descobre as próprias faltas por si mesmo.

Reparei que ele se achava igualmente comovido. Mostrava os olhos rasos d'água. Depois de longa pausa, afagou-me a cabeça e explicou:

— Por que você matou esse gato trabalhador e inocente, sem necessidade, a imagem da vítima está profundamente associada às suas lembranças.

Compreendendo que o professor enxergava o quanto se achava oculto em minhas recordações, abracei-me a ele e supliquei:

— Meu protetor, meu amigo, ajude-me por piedade!

Ouviu-me com emoção a súplica e compadeceu-se efetivamente de mim, porque impôs as mãos acolhedoras sobre a minha cabeça e orou com sentimento tão sublime, em favor de minha tranquilidade, que senti repentina renovação. Aquelas mãos carinhosas irradiaram intensa luz que me penetrou todo o ser, e aquele banho de energias novas, aliado ao alívio da confissão diante de todos, apaziguou-me o espírito.

Reparação

Terminada a prece, recompus a fisionomia, pedindo ao professor me ensinasse o melhor recurso para resgatar o erro cometido por mim noutro tempo.

Recomendou-me, então, em preleção que servisse para todos os alunos da classe, a aproveitar o ensino e a experiência, dispensando o possível carinho aos animais, que são igualmente criaturas de Deus em marcha progressiva para o aperfeiçoamento, como todos nós, e exortou-me a renovar as recordações daquela hora, com orações fervorosas e sinceros propósitos de nunca mais destruir a vida dos seres frágeis e inofensivos da Criação divina.

Em seguida, comentou as consequências desastrosas de nossos gestos impensados ou criminosos, que espalham desarmonias e perturbações.

Explicou que tem visto inúmeros meninos com os quais se verificou o que me ocorria, embora fossem outros os fatos lamentáveis recordados. Lembrou muitas crianças de grande porte, com bastante entendimento, que passam longas horas derrubando ninhos, prendendo aves ou matando-as sem consideração, perseguindo cães trabalhadores ou apedrejando, por perverso prazer, animais úteis e mansos.

Esclareceu que todos os jovens dessa espécie experimentam aqui provações bem amargas, sendo obrigados a reparar as faltas que levaram a efeito no mundo, com absoluto menosprezo das respeitáveis determinações dos pais ou dos bons conselhos das pessoas mais velhas.

Desde então, lembro-me de Bichaninho, e sinto-lhe, ainda, a imagem dentro de mim; entretanto, com o poder da prece, meu pensamento tranquilizou-se, voltando ao passado em atitude de sincero arrependimento, pedindo perdão.

Humilhei os meus sentimentos caprichosos, dos quais sempre ocultara o lado mau, e, por isso, tenho melhorado.

Já não possuo mais ócios e nem horas desaproveitadas.

Em todos os instantes consagrados a recreios e diversões, encontro árvores para cuidar e animaizinhos daqui, aos quais posso auxiliar com eficiência e proveito.

Eu, que tanto me alegrava vendo as aves perseguidas pelos meninos fortes, hoje me dedico a ajudar pequenos pássaros na construção de ninhos.

E observo que, diante da minha atitude interior transformada, todas as pessoas que me cercam como que se transformaram para mim.

Recebo olhares afetuosos e agradecidos de toda a parte. Os professores e colegas parecem-me mais simpáticos, mais amigos.

Notando-me o sincero esforço para corrigir-me, ninguém me falou do gato apedrejado.

O episódio triste foi esquecido bondosamente por todos.

Devo às árvores e aos passarinhos, aos quais me tenho consagrado nos últimos tempos, as alegrias que me enchem o coração.

Tenho quase a certeza de que Bichaninho me perdoou a maldade. Sinto que fiz a paz comigo mesmo e creio que, se eu voltasse presentemente para casa, seria melhor filho e melhor irmão.

Ó Dirceu, nunca atormente nem mate os animais úteis e inofensivos! Tenho chorado muito para reparar o erro que cometi.

Prêmio

Na semana última, terminei o primeiro ano de minha permanência no Parque e devo assinalar que recebi valioso prêmio de grata significação para mim.

Trabalhei, esforçando-me quanto possível para ser disciplinado, com aproveitamento das lições.

Nos dez últimos meses, gastei as horas de recreio em serviços de proteção aos animais, que passaram a querer-me bem, com amizade e simpatia; realizei estudos espirituais de muita importância para o meu futuro, e participei, algumas vezes, de comissões de auxílio fraternal, enviadas a companheiros de luta. Alegre tranquilidade banhava-me a consciência.

Muitos meninos de minha classe foram promovidos a curso mais elevado, entre os quais tive o júbilo de ser incluído.

Houve uma festa, cheia de alegria e beleza, em que recebi o distintivo da "Boa Vontade", uma linda medalha, esculturada numa substância semelhante a prata luminosa, apresentando essas duas palavras escritas, em alto relevo, com uma tinta dourada.

Nesse dia venturoso, o professor abraçou-me comovidamente e declarou-me que eu poderia solicitar alguma coisa, alguma concessão nos trabalhos finalistas.

No fundo de meu coração, estava o desejo de ir a casa. Queria abraçar mamãe, papai e ver você. Tinha a ideia de que me encontrava distante há muitos anos e, por isso mesmo, recebi a notificação com imensa alegria.

Respondi, ansioso, que, se me fosse permitido rogar algum contentamento maior que o de ser promovido à categoria superior, pediria para visitar o lar terreno, a fim de abraçar os entes amados de meu coração.

O instrutor, porém, afagando-me delicadamente, ponderou que eu ainda não possuía as forças precisas para semelhante cometimento. Ave frágil, não dispunha de penas para voo tão arrojado. Mas acrescentou que o meu desejo seria atendido em parte.

No dia seguinte, fui notificado de que veria mamãe, apenas mamãe, por alguns momentos, numa instituição piedosa situada nas regiões mais próximas daí.

Logo após, numa linda noite, acompanhado de tia Eunice, a cujos cuidados me deixou o orientador, fui ao encontro de nossa mãezinha, numa casa grande e bonita, onde havia intensa movimentação de Espíritos amigos já distanciados do corpo carnal.

O que foi essa hora divina, não poderei descrever. Mamãe foi trazida por uma senhora iluminada e bela. Parecia mergulhada numa indefinível admiração que a tornava perplexa. Parecia não ver a senhora que a amparava maternalmente e, ao aproximar-se de nós, não percebeu a presença de nossa tia, ao meu lado.

Quando pousou os olhos sobre mim, reconheceu me e gritou meu nome muitas vezes. Atirei-me, chorando de júbilo, aos seus braços e estivemos assim, unidos e em lágrimas, durante todos os minutos reservados ao reencontro.

Por fim, a generosa mensageira que a trouxera aproximou-se de mim e falou:

— Basta, meu filho! A alegria também pode prejudicar os que ainda se encontram no corpo.

Em seguida, retirou mamãe, devagarinho, como quem cuida de uma pessoa doente.

Voltei, então, ao Parque, junto de tia Eunice, com uma esperança nova a banhar-me o coração.

A Bondade de Deus não nos separa as almas para sempre.

Conclusões

Agora, meu irmão, que devo encerrar esta carta, envio a você um abraço afetuoso, esperando que minha experiência possa ser útil ao seu coração.

Não se julgue, dentro da vida, como alguém que nunca prestará contas dos atos mais íntimos.

Tudo o que praticamos, Dirceu, permanece gravado no livro da consciência.

O bem é a sementeira da luz, portadora de colheitas sublimes de alegria e paz, enquanto que o mal nos enegrece o espírito, como tinta escura que mancha os alvos cadernos escolares.

Ouça a palavra esclarecedora de nossos pais, os primeiros amigos que a Bondade divina colocou às portas de nossa vida terrestre, e nunca despreze os bons conselhos recebidos. A nossa natureza, quase sempre, reclama ternura e compreensão dos que nos cercam, mas a nossa necessidade de preparação espiritual exige luta e contrariedade. Nem sempre aprendemos o necessário, recebendo demasiadas carícias. Por isso mesmo, na maioria das ocasiões, precisamos do socorro de advertências mais fortes.

Não seja, pois, rebelde à orientação do lar.

Em suma, Dirceu, seja bondoso, fraterno, aplicado ao estudo e ao trabalho. Conserve amizade sincera aos livros. Faça-se amigo prestimoso de todas as pessoas, ainda quando não possa você ser compreendido imediatamente por elas.

Não descreia da boa semente, embora a germinação se faça tardia.

Não maltrate nem persiga os animais úteis ou inofensivos. É muito lamentável a atitude de todos aqueles que convertem a vida terrena num instrumento de perturbação e destruição para os mais fracos.

Seja bom, Dirceu, profundamente bom, verdadeiro e leal. E creia que todos os seus atos nobres serão largamente recompensados.

Agora, meu querido irmão, devo terminar.

Beije por mim a mamãe e o papai. Estou certo de que um dia nos reuniremos, de novo, no Grande e Abençoado Lar, sem lágrimas e sem morte.

Até lá, conservemos, acima de todas as dores e incertezas, nossa fé viva em Deus e a nossa suprema esperança no destino.

Adeus.

Receba muitas saudades do seu afetuoso

CARLOS

Prece

Meu Senhor, Sábio dos sábios,
Pai de toda a Criação,
Põe a doçura em meus lábios
E a fé no meu coração.

Sol de amor que me conduz,
Na vida em que me agasalho,
Enche os meus olhos de luz
E as minhas mãos de trabalho.

Dá-me forças no caminho,
Para lutar e vencer,
Transformando todo espinho
Em flores do meu dever.

Pai, não Te esqueças de mim,
Nas bênçãos da compaixão,
Guarda-me em Teu coração
De paz e de amor sem fim.

(Extr. do livro *Jardim da infância*, do Espírito de João de Deus, recebido pelo médium Francisco Cândido Xavier.)

Conheça outros livros infantis da FEB Editora.

O Bom Amigo

"E quem, mamãe, é esse Jesus?"

Assim pergunta Belinha a Ana. E quem é Ana? Ana é a mãezinha dela. As duas vivem sozinhas e com muitas dificuldades, porque o pai de Belinha desencarnou.

Você, amiguinho, vai se emocionar ao ver, nesta linda história, o exemplo de humildade, fé e esperança que Belinha e a mãe demonstram ser quando passam por momentos difíceis.

Espero que você goste do livrinho.

Boa leitura!

FEB

Magdalena del Valle Gomide

O Bom Amigo

Conheça outros livros infantis da FEB Editora.

Uma aventura no reino da Batatinha

Batatinha é uma vira-lata, que foi adotada ainda pequena depois de ter sido abandonada nas ruas. Muito dócil e brincalhona, ela passa os dias correndo atrás dos passarinhos no jardim da nova casa.

Certo dia, um filhote de cambaxirra cai dentro da caixa d'água e, a partir de então, começa a luta de Batatinha para tentar salvar o animal.

Tal situação se torna um exemplo para todos os bichos da região, pois, assim, eles aprendem o verdadeiro sentido de ajudar o outro e descobrem um sentimento que lhes permite resolver problemas do grupo: a compaixão.

FEB

Regina Campello

Uma aventura no reino da Batatinha
Aprendendo a cooperar

Ilustrações: L. Bandeira

FEB

Conheça outros livros infantis da FEB Editora.

A Rua Sem Nome

Imagine um local em que todas as pessoas são tristes e solitárias. É a Rua Sem Nome!

Bené, que mora bem lá no fim desta rua, é um menino de coração muito bom, que recolhe material descartável para vender.

Ele escolheu um nome para a rua. Sabe qual?

Depois de ler esta incrível historinha, você, amiguinho, também pode escolher um nome para a Rua Sem Nome!

Use a imaginação!

Etna Lacerda

A Rua Sem Nome
Uma história de Natal

FEB editora
Livro espírita para um novo mundo
www.febeditora.com.br
@febeditoraoficial
@febeditora

Conselho Editorial:
Carlos Roberto Campetti
Cirne Ferreira de Araújo
Evandro Noleto Bezerra
Geraldo Campetti Sobrinho – Coord. Editorial
Jorge Godinho Barreto Nery – Presidente
Maria de Lourdes Pereira de Oliveira
Miriam Lúcia Herrera Masotti Dusi

Produção Editorial:
Elizabete de Jesus Moreira

Capa e Projeto Gráfico:
Dimmer Comunicações Integradas

Diagramação:
João Guilherme Andery Tayer

Ilustrações:
Jorge Ney

Normalização Técnica:
Biblioteca de Obras Raras e Documentos Patrimoniais do Livro

Esta edição foi impressa no sistema de Impressão pequenas tiragens, em formato fechado de 155x230 mm e com mancha de 104x173 mm. Os papéis utilizados foram o Offset 75 g/m² para o miolo e o Cartão 250 g/m² para a capa. O texto principal foi composto em Adobe Garamond Pro 15/24 e os títulos em Monotype Corsiva 28/29. Impresso no Brasil. *Presita en Brazilo.*